Pierre Veltz

Des territoires pour apprendre et innover

éditions de l'aube

Du même auteur

Gestion de production et transports : vers une nouvelle économie de la circulation (en collaboration avec P. Besson, M. Savy et A. Valeyre), Coll. Transports et communication 17, Paradigme, Caen, 1988.

Entreprises et territoires en réseaux (avec F. Rowe), presses de l'école nationale des Ponts et Chaussées, Paris, 1991.

Les nouveaux espaces de l'entreprise (ouvrage collectif, codirigé avec M. Savy), Datar-Editions de l'Aube, 1993.

Dans la même série

Pierre CALAME, *Un territoire pour l'homme.*

Gérard DELFAU, *le Retour du citoyen. Démocratie et territoires.*

Benjamin DESSUS, *Pas de gabegie pour l'énergie.*

Thierry GAUDIN, *l'Aménagement du territoire vu de 2100.*

Hervé LE BRAS, *le Sol et le Sang.*

Jean-Pierre ORFEUIL, *Je suis l'automobile.*

Pascal PERCQ, *les Habitants aménageurs.*

Edgard PISANI, *Pour une agriculture marchande et ménagère.*

Jean VIARD, *la Société d'archipel ou les territoires du village global.*

Le sens de ce petit livre est de défendre deux idées simples.

La première est qu'il faut cesser de considérer l'aménagement du territoire comme un processus de redistribution, et *le repenser comme un ensemble de politiques favorisant la création de ressources et de richesses nouvelles.* Cela paraît banal, mais c'est une révolution copernicienne. Car la conception distributive de la politique territoriale est consubstantielle à ses instruments, à ses institutions, à son histoire. Mais, aujourd'hui encore, les Français la traduisent spontanément par : prendre à Paris pour donner à la province. Loin de moi l'idée de remettre en cause les objectifs d'équité et d'équilibre qui sont la raison d'être de l'aménagement du territoire. Mais il faut arrêter de penser ces objectifs comme le partage territorial d'un gâteau de volume fixé. L'aménagement du territoire dans le monde largement ouvert des années quatre-vingt-dix ne peut ressusciter celui des "trente glorieuses".

Rappelons-nous : de 1955 à 1976, un million et demi d'emplois industriels sont créés, en grande partie par des groupes avec lesquels l'Etat peut discuter, négocier. La politique d'aménagement du territoire dispose alors d'un formidable levier d'action, qui est d'orienter géographiquement ces créations d'emplois. Mais aujourd'hui ? Certes, il y a des possibilités de redistribution des activités publiques, domaine où l'Etat est (théoriquement) maître du jeu. Mais, pour la grande masse des activités, surtout lorsqu'on connaît la place que prennent les PME et les secteurs des services, on voit bien que cette idée de macro-redistribution tourne à vide. Faut-il alors baisser les bras, s'en remettre aux forces du marché, génératrices — nous le verrons — d'inégalités et d'exclusions insupportables ? Sûrement pas. Mais il faut penser autrement : penser d'abord *création*, innovation et non pas affectation, distribution. Il faut quitter les lunettes de la centralisation, qui finit par se prendre à ses propres pièges, et par ne plus penser le développement qu'octroyé, ou arraché au centre.

Comprenons bien que ce n'est pas seulement l'état de crise qui justifie ce renversement, mais aussi et surtout l'importance de l'innovation dans notre économie. Les économistes se rendent compte, d'ailleurs, que quelque chose ne va pas dans les théories traditionnelles. Celles-ci ne raisonnent qu'en termes d'allocation de ressources données, d'avantages comparatifs liés aux dotations en facteurs, etc. Mais chacun voit bien que la *création* de ressources nouvelles, notamment immatérielles, devient l'élément moteur de l'économie dans une époque de transition comme la nôtre. Le problème-clé est de savoir si nous serons capables de recycler nos gains de productivité et nos surplus dans la création de nouveaux biens, de nouveaux services, de nouvelles valeurs, ou si nous nous contenterons de les réinvestir dans la rationalisation de processus existants et routinisés. Chacun comprend que, dans une économie ouverte à toutes ces concurrences, cette dernière stratégie ne peut être que perdante. La France n'a pas d'autre choix que la compétition par l'innovation, la qualité, la compétence [7] *. Or l'aménagement du territoire a un rôle essentiel à jouer

* Les chiffres entre crochets renvoient à la bibliographie en fin d'ouvrage.

dans cette orientation. Encourager les initiatives et les processus de création latents mais bloqués, favoriser et structurer les mille et une formes du développement local, mais aussi — car il faut absolument refuser la dichotomie entre développement local et économie des grandes firmes — encourager les grandes firmes à se ressourcer en développant des liens plus étroits avec les territoires : voilà quels devraient être, à mon sens, les principes directeurs d'une nouvelle politique.

Comment ? En suscitant et en accompagnant les *coopérations* de toutes natures qui sont la clé de la nouvelle compétitivité. C'est la deuxième idée simple que je veux illustrer : le développement économique des territoires, comme le développement en général, passe aujourd'hui par la densité et la qualité des maillages entre les acteurs. Il dépend plus de la pertinence des cadres collectifs d'action, de la vigueur des projets et des anticipations du futur, que des infrastructures ou des équipements. Le *soft*, les capacités d'organisation, l'intelligence des évolutions comptent davantage que le *hard*. La qualité des institutions, publiques et privées, est plus importante que les autoroutes.

La charpente du raisonnement déroulé dans les chapitres qui suivent est construite autour d'un paradoxe : *le paradoxe du global et du local.* D'un côté, des forces puissantes de globalisation sont à l'œuvre. Dans l'industrie française, moins d'un emploi sur deux est "national" (au sens : emploi dans une firme française, en France, pour le marché intérieur). La mondialisation multiplie les interdépendances à large échelle, et rend la vie des économies locales plus dangereuse, plus incertaine. Mais l'omniprésence des rythmes et des contraintes de l'économie globale ne conduit pas à un monde où le territoire serait neutralisé, annulé. Car cette économie de plus en plus ouverte est aussi une économie de plus en plus "relationnelle". Les effets d'interaction et de proximité entre les firmes, entre les firmes et leurs clients, entre les firmes et les institutions locales voient leur importance *croître* dans la dynamique économique. Car ils permettent de démultiplier considérablement les capacités d'apprentissage, ce qui est vital dans un monde où les marchés et les techniques se modifient à grande allure. La mondialisation coexiste ainsi avec la renaissance de ce qu'on peut appeler des "économies-territoires", dont la compétitivité repose largement sur les formes de coopération localement enracinées.

Ce sont aujourd'hui les très grandes villes, les métropoles d'envergure internationale qui, incontestablement, bénéficient le plus de ces mécanismes : elles sont naturellement les lieux d'articulation privilégiés du global et du local et elles offrent les marchés les plus larges et les plus diversifiés de compétences et de services. *Mais il n'y a aucune fatalité liée à la géographie.* Des agglomérations moyennes, des régions bien structurées peuvent bénéficier à plein de telles dynamiques. Les exemples célèbres des économies-territoires de la Troisième Italie ou de l'Allemagne du Sud le démontrent amplement. Mais les "régions qui gagnent" [2] seront celles qui ne se tromperont pas d'époque et de stratégie. Il ne suffira pas, désormais, de bien "vendre" sa région comme un stock passif de ressources, de séduire les investisseurs. Dans un pays globalement bien équipé comme la France, l'atout premier des territoires, l'atout décisif, sera celui des capacités de coopération intra et extrarégionales — dépassant les effets de concurrence et de clocher, permettant aux firmes de disposer de "ports d'attache" pour s'aventurer sur les marchés lointains, exploitant la complémentarité des compétences pour susciter les innovations et accélérer les apprentissages.

L'organisation des pouvoirs publics joue ici un rôle capital. En positif, ou en négatif. Comment créer un climat de coopération, comment susciter des projets collectifs si cette organisation pousse à la concurrence, à la "sectorialisation" et au découpage en rondelles des problèmes ? Comment imaginer des territoires attractifs et coopérants s'ils sont divisés contre eux-mêmes par les fractures de l'exclusion et de la pauvreté ?

La "géographie volontaire" est une noble ambition. Mais les plus beaux schémas autoroutiers et les plus belles cartes de réseaux de villes ne serviront à rien s'ils ne sont pas appuyés sur les conditions "non spatiales" du développement : capacité d'écoute et de repérage des vrais problèmes des entreprises innovatrices — notamment pour l'ingénierie financière ; existence de cadres institutionnels favorisant les synergies, l'approche intégrée des problèmes.

1. — Le poids du passé : le handicap taylorien

L'image du territoire comme stock de ressources est profondément enracinée dans l'histoire de l'espace économique français.

La croissance industrielle, jusqu'à la Seconde Guerre mondiale, avait été surtout synonyme de polarisation : concentration de l'industrie lourde liée à la géographie de l'énergie et des matières premières, concentration dans les grandes zones urbaines qui sont le berceau des industries nouvelles, électricité, automobile, électronique. Durant les "trente glorieuses", la croissance de l'emploi industriel et de la salarisation s'étend à de larges parties du territoire, et bouleverse en profondeur la vieille France artisanale et rurale. On parle alors de "décentralisation", mais il s'agit en fait d'une déconcentration de l'emploi peu ou moyennement qualifié, accompagnée d'une rigoureuse division des tâches entre les zones de direction, de décision, de conception des produits et des procédés, et les zones d'exécution. Le taylorisme, et toutes ces méthodes nouvelles de production que les "missions de productivité" organisées par le plan aux Etats-Unis rapatrient avec enthousiasme après la guerre, bouleversent l'organisation des firmes. Des milliers d'ingénieurs et de techniciens sont payés pour rendre le travail toujours plus élémentaire. Or, parallèlement, ce taylorisme s'inscrit profondément dans la géographie. La part de l'emploi industriel chute dans les grands centres urbains, en particulier en Ile-de-France, mais ces centres restent plus que jamais des pôles de commandement de l'industrie, les lieux de concentration de ses "cols blancs". Les usines, en revanche, poussent comme des champignons après l'orage sur les zones industrielles des petites villes de l'Ouest ou du Centre. Le stock principal de ressources n'est plus celui des matières premières, du charbon ou de l'énergie hydraulique : c'est celui de la main-d'œuvre jeune qui est libérée par la modernisation accélérée de l'agriculture et qui, après une phase de recours intensif à l'immigration (de 1955 à 1962, *grosso modo*), devient le véritable moteur de la croissance. En 1975, un ouvrier sur deux a moins de 35 ans. Un ouvrier sur trois seulement est issu d'une famille ouvrière.

Les "trente glorieuses" marquent un extraordinaire bond en avant des revenus des Français. En 1950, la consommation d'un Français moyen équivalait à peu près *au tiers* de celle d'un Américain moyen. Trente ans plus tard, elle est équivalente. Mais le prix à payer a été cette taylorisation, à la fois plus tardive et plus radicale que dans les pays voisins. L'Allemagne, par exemple, n'a jamais connu dans ses grandes industries le même degré de polarisation des qualifications — et des salaires — que la France. La géographie et l'organisation de la production se sont renforcées mutuellement. Les firmes ont mécanisé leur production à outrance pour pouvoir utiliser un personnel sans expérience industrielle. (Notons au passage que ce sont les jeunes femmes qui, à cet égard, ont fait les frais de la taylorisation la plus dure : elles étaient encore près de 20 % à travailler à la chaîne en 1978, contre moins de 5 % des ouvriers masculins). Inversement, l'existence de cette main-d'œuvre, acceptant des conditions dures parce qu'elles étaient compensées par une incontestable élévation du niveau de vie, a poussé les firmes à développer des schémas d'organisation où le travail en atelier était particulièrement dévalorisé.

Bien entendu, l'histoire économique et le mouvement géographique de la France des années cinquante et quatre-vingt ne se résument pas à ce schéma de "déconcentration-taylorisation". Le Midi reste ainsi assez largement à l'écart de ces processus. Certaines branches continuent à se développer dans les pôles urbains avec une main-d'œuvre qualifiée : c'est le cas notamment des industries technologiques liées aux grands programmes (nucléaire, aéronautique, électronique militaire). Les services commencent à se développer fortement, et masquent en partie la brutalité de la division du travail industriel. Mais celle-ci est, de loin, le processus dominant, et donne le ton de l'époque. Il y avait en 1955 environ 5,5 millions d'emplois industriels. En vingt ans, 1,6 million d'emplois nouveaux sont créés dans les branches en expansion, dont près d'un million dans l'automobile, les industries électriques et électroniques et la mécanique, qui illustrent parfaitement la bipolarisation entre les cols blancs parisiens et les ateliers provinciaux. Un seul exemple : de 1960 à 1977, les effectifs des industries de la téléphonie passent de 20 000 à 73 300 salariés. On parle de "vocation électronique de la Bretagne", car les usines se multiplient dans l'Ouest (mais aussi dans le Centre, dans le Jura, en Alsace). La part de la province passe de 11 % à plus de 50 % des effectifs. Mais, malgré Lannion et Rennes, 70 % des ingénieurs et techniciens travaillent, en 1980, en Ile-de-France, alors que 89 % des ouvriers spécialisés sont provinciaux !

L'État, et la DATAR en particulier, accompagnent cette logique de fond. Les mécanismes comme l'agrément obligatoire pour toute extension de locaux en région parisienne poussent les PME de la mécanique à se joindre au mouvement, que les grands groupes de l'automobile et de l'électronique engagent spontanément. Du reste, ce mouvement est cohérent avec les grandes options de l'action étatique : soutien au compromis social inflationniste, facilitant la mutation agricole et commerciale ; économie de financements administrés, permettant le développement des grands groupes ; financement public massif du logement et des équipements. Il serait stupide de reprocher à la politique d'aménagement du territoire ces orientations, qui ont permis aussi d'infléchir sensiblement la géographie des flux d'investissements, en les dirigeant notamment vers la reconversion des zones d'industrie ancienne. Mais la dominante taylorienne de ces années de croissance continue à marquer la géographie, le fonctionnement des entreprises et, plus grave peut-être, les représentations du développement territorial :

1) Contrairement à ce qui s'est passé en Italie, une grande partie des réseaux locaux de PME a été en France absorbée et laminée

par le modèle dominant de la production de masse. Il y a des exceptions, bien sûr : le Choletais, Oyonnax, la vallée de l'Arve et d'autres, toujours citées. Mais la France, c'est un lieu commun, manque de ce tissu de grosses PME qui font la force de l'Allemagne du Sud, de la Suisse, ou de l'Italie centrale.

2) L'image dominante du développement est celle du développement exogène, celle de l'investisseur extérieur qu'il s'agit d'attirer et de retenir. Combien de fois s'est rejoué ce scénario où la zone industrielle d'une ville moyenne accueille d'abord, dans les années cinquante, des firmes régionales, qui peu à peu passent dans l'orbite de grands groupes, français ou étrangers, et où la seule cohérence économique restante, dans les années soixante-dix et quatre-vingt, est celle d'un bassin d'emploi angoissé par un avenir qui lui échappe ? Les ressources manquent alors, non pas en termes d'énergie ou d'intelligence, mais en termes de *réseaux*, de contacts, de capacités d'autonomie, le jour où une restructuration décidée à Paris, à Londres ou à Turin provoque la crise.

3) La logique taylorienne, dans les firmes comme dans la géographie, n'a cessé de cloisonner, découper, segmenter. Un établissement taylorien n'a pas besoin de relations

d'échange complexes avec son environnement, pas plus d'ailleurs qu'avec les bureaux d'études de son propre groupe. Cela crée un handicap considérable le jour où la mutation des marchés impose des formes de compétitivité qui reposent au contraire sur l'interaction permanente entre producteurs et clients, entre bureaux d'études et ateliers, entre assembleurs et fournisseurs, entre techniciens et hommes de marketing. Un technicien parisien qui descend dans les usines — même s'il y va plus souvent — reste un homme des services centraux. La coupure entre ceux qui sont payés pour réfléchir et ceux qui sont payés pour exécuter n'est pas seulement socialement choquante : elle devient contre-productive. La société française, qui aime la hiérarchie, et qui l'exprime si bien dans sa géographie, a du chemin à faire pour entrer dans l'ère des organisations horizontales et des réseaux.

2. — Le grand tournant des années quatre-vingt : mutation socio-économique, métropolisation, inégalités

Restructurations, montée du chômage, retour des cycles : chacun connaît l'ampleur des changements survenus dans les vingt dernières années. 1,4 million d'emplois industriels sont perdus de 1974 à 1988, ramenant les effectifs globaux au niveau du début des années cinquante. Après le mini-boom de 1989-1991, la courbe plonge à nouveau. L'emploi dans les services, en revanche, croît rapidement. Il passe de 12,3 à 14,3 millions entre 1982 et 1990. Cette croissance concerne le secteur public comme le secteur privé. Du côté public, la loi de décentralisation constitue un moteur important. L'administration locale crée à elle seule 180 000 emplois nouveaux, auxquels on peut ajouter 40 000 postes dans les organismes locaux d'action sociale. Elle occupe en 1990 deux fois plus de personnes que l'industrie automobile. 170 000 emplois sont créés dans le secteur de la formation (dont 40 000 pour la formation des adultes). Les emplois liés à la santé (public et privé) et aux soins personnels explosent : au moins 250 000 emplois nouveaux, dont 150 000 dans les établissements pour personnes âgées et pour handicapés. Les activités de loisirs, culturelles et sportives créent 100 000 emplois. Enfin, le secteur champion est celui des services aux entreprises : 300 000 emplois nouveaux dans le conseil et l'expertise, 210 000 dans les services logistiques, le nettoyage, etc. Si l'on agrège les services liés à la santé, à l'enseignement, à la culture et les services aux entreprises, on arrive à un *quart* environ de l'emploi total (contre 4,6 % en 1936, pour le même ensemble).

Malgré la crise qui les frappe en priorité, la place des femmes ne cesse de s'affirmer sur le marché du travail. La croissance des emplois de la décennie quatre-vingt leur est presque entièrement imputable. En 1990, 80 % des femmes entre 25 et 29 ans ont une activité professionnelle. Et elles travaillent désormais à près de 80 % dans le tertiaire.

La sociologie du salariat se transforme considérablement. En 1990, les salariés se répartissaient en trois grandes masses à peu près égales : les ouvriers, les employés et les cadres. De 1982 à 1992, 800 000 emplois de cadres ont été créés dans les entreprises, soit l'équivalent du solde global de l'emploi durant cette période.

Cette montée des services exprime, bien sûr, des évolutions importantes dans la demande, dans les modes de vie mais aussi des différences dans la répartition des gains de productivité. Les usines, les ateliers, ont été soumis à une formidable rationalisation dans les années soixante-dix et quatre-vingt, alors que le tertiaire a été beaucoup plus épargné, y compris au sein de l'industrie.

Cela pourrait changer dans la décennie quatre-vingt-dix. En 1993, l'INSEE observe une baisse de l'emploi tertiaire, et pas seulement industriel. Globalement, durant les années quatre-vingt, l'économie française a connu à la fois une croissance plus faible que l'ensemble des sept pays les plus industrialisés (2,1 % par an, contre 2,7 %) et une augmentation plus rapide de la productivité (2 % contre 1,6 % en moyenne et 1 % aux États-Unis). La France, ainsi, illustre de manière particulièrement nette le "mal européen", c'est-à-dire la croissance pauvre en emplois. Le *Livre blanc* de Jacques Delors rappelle qu'en vingt ans, le volume des richesses produites dans la Communauté s'est accru de 80 %, et l'emploi de 9 %.

Les stratégies et les organisations des firmes, dans ce contexte, sont en plein changement. L'internationalisation accélérée et le changement technique remodèlent les conditions de la concurrence. Celle-ci ne concerne plus seulement les coûts, mais se complexifie considérablement autour de critères comme la qualité, la variété, la réactivité. Tout cela agit comme une onde de choc sur les organisations rigidifiées du taylorisme. Ces organisations ont d'abord été rejetées par les salariés eux-mêmes, en particulier par ces jeunes embauchés massivement dans les années soixante, plus scolarisés et plus demandeurs d'autonomie que leurs aînés. Aujourd'hui, vingt-cinq années après Mai 68, ce sont les dirigeants industriels eux-mêmes qui, unanimement, les dénoncent comme contre-productives.

C'est la face positive d'une évolution dont on connaît surtout les aspects négatifs : le chômage, la multiplication des emplois précaires. L'ironie de la démographie est, du reste, que la génération du *baby-boom*, qui a vieilli sur place dans l'industrie (les moyennes d'âge sont aujourd'hui très élevées dans les usines françaises), bloque en quelque sorte l'accès des jeunes générations qui pourraient investir leur énergie et leur créativité dans cette mutation organisationnelle.

Je reviendrai sur ces changements, car ils sont au cœur des nouveaux rapports, réels ou potentiels, des firmes avec le territoire. Mais il faut d'abord noter les grandes tendances géographiques, qui constituent la résultante globale des mutations complexes en cours. Elles sont, dans l'ensemble, inquiétantes.

La première tendance est le *resserrement de la croissance autour des grandes zones métropolitaines*, et de la région-capitale en premier lieu. Le recensement de 1990 a révélé l'ampleur du phénomène. De 1982 à 1990, la région parisienne, les villes de Rhône-Alpes et la façade méditerranéenne de Nice à Montpellier concentrent les *deux tiers* de l'augmentation de la population. L'agglomération parisienne, qui étend de plus en plus son influence aux départements limitrophes de l'Ile-de-France, accueille un surplus d'emplois qui équivaut à peu près à la moitié du surplus national. Les projections d'Hervé Le Bras, à l'Institut national des études démographiques, montrent que l'Ile-de-France, qui accueillait 16 % des Français en 1936, pourrait en compter plus de 20 % en 2015.

Cette nouvelle polarisation est d'autant plus remarquable qu'elle ne résulte pas de causes simples. Par exemple, elle ne procède pas d'une évolution importante des déplacements de population. En fait, avec la crise, les Français ont en moyenne moins bougé durant les années quatre-vingt que durant la précédente décennie. L'Ile-de-France agit, il est vrai, comme une formidable pompe aspirante et refoulante. Elle attire un fort surplus de jeunes, et laisse partir beaucoup de retraités — alors que Midi-Pyrénées, par exemple, gagne des habitants à tous les âges, sauf dans la tranche 20-25 ans. La croissance des grandes villes, et de

Paris en premier lieu, ne résulte pas non plus d'une surconcentration des fonctions tertiaires résultant d'un approfondissement de la polarisation taylorienne. Au contraire, Bernard Planque a montré que, secteur par secteur, l'écart des qualifications entre Paris et la province s'atténue ! Mais il se trouve que les secteurs les plus créateurs d'emplois sont sur-représentés en Ile-de-France.

La montée démographique et économique du Midi s'inscrit aussi dans ce contexte. La croissance y concerne surtout les pôles urbains. Certains ont pu parler de "France inverse" (René Uhrich) à propos de cette croissance du Midi aquitain et méditerranéen, qui est en tête pour les taux de croissance de l'emploi (mais aussi pour le chômage), et pour les flux de création d'entreprises. Mais l'expression est excessive. Car ce rattrapage du Sud correspond autant — voire plus — à une intégration dans une économie française centralisée qu'à un développement autonome. Une large partie de l'économie de haute technologie du Sud ressemble davantage à des îlots parisiens délocalisés qu'à des foyers de croissance en prise réelle avec leur environnement.

La deuxième grande tendance est la *montée* — il faudrait dire : *la remontée — des inéga-*

lités territoriales. Pendant les années de croissance forte, les inégalités géographiques de salaires ou de revenus s'étaient fortement contractées. Or l'éventail a recommencé à s'ouvrir dans les années quatre-vingt. Au cours des cinq dernières années, le revenu fiscal moyen par ménage parisien a crû de 12 %, alors qu'il diminuait dans les trente départements les plus pauvres. La corrélation avec l'évolution de l'emploi est réelle, mais pas absolue. Ainsi, le Midi méditerranéen, qui connaît les taux de croissance les plus élevés en emplois, voit ses revenus stagner. Un autre phénomène frappant est que ces divergences inter-départementales ou régionales se retrouvent à l'échelle fine des agglomérations elles-mêmes. Les travaux de L. Davezies et P. Beckouche montrent clairement que les écarts de revenus des ménages entre communes riches et communes pauvres s'accentuent notablement — et ceci de manière extraordinairement semblable à Paris, Lyon, Lille ou Marseille. Ils sont en revanche plus stables dans les villes de l'Ouest de la France, qui ont connu des mutations structurelles moins vives.

Métropolisation, montée des inégalités : le phénomène n'est pas propre à la France. Tous les grands pays industriels le connaissent. Le Japon, qui bénéficiait d'une structure urbaine multipolaire, connaît une extraordinaire concentration autour du superpôle de Tokyo. L'Angleterre du Sud-Est absorbe une part énorme du dynamisme britannique. L'Allemagne elle-même, pays multipolaire par excellence, voit sa croissance se concentrer autour des grands pôles. Les inégalités entre États aux États-Unis ont recommencé à croître, après une longue convergence, sur fond d'ouverture de l'éventail des inégalités sociales : de 1977 à 1992, le revenu du cinquième le plus pauvre des familles américaines a baissé de 7 %, alors que celui du cinquième le plus riche a crû de 15 %. En Europe, l'éventail des inégalités régionales est beaucoup plus ouvert qu'aux États-Unis. Or, selon R. Prud'homme, ces inégalités, qui s'étaient fortement atténuées depuis les années cinquante, ont recommencé à croître. Et il suffit de voyager un peu pour voir que les villes européennes apprennent petit à petit (s'habituent ?) à voir coexister les zones de la plus insolente prospérité et les zones de délaissement et de pauvreté, contraste qu'on croyait réservé aux villes américaines ou aux villes du tiers-monde.

3. — Territoire pyramidal, territoire des réseaux : des images du territoire à repenser

De la fresque précédente, que retenir ? D'abord, que la tendance spontanée n'est pas à l'équilibre du territoire. Le dynamisme va au dynamisme. Les investissements se dirigent à l'inverse de ce que voudrait la théorie économique. Loin d'aller sagement, comme pendant les trente glorieuses, vers la main-d'œuvre la moins chère, en égalisant progressivement les conditions de travail et de salaire, ils vont en priorité vers les zones les plus riches. Mais, derrière ces constats généraux, c'est la notion de territoire elle-même qui se transforme en profondeur. Notons trois grandes tendances, et quelques leçons.

Première tendance : le territoire est de plus en plus difficile à représenter par des macro-différences, comme celles qui opposent les grandes régions entre elles. Statistiquement, les profils économiques des régions se rapprochent de plus en plus. On est loin des spécialités régionales qui faisaient, au début du siècle, le charme du *Tour de France par deux enfants*. Les villes se ressemblent de plus en plus : mêmes lotissements, mêmes "entrées de ville" avec grandes surfaces et publicités criardes. Mais les micro-différences sont fortes. On observe une sorte de “fractalisation” du territoire — en référence à ces figures géométriques qui reproduisent leur motif à quelque échelle qu’on les regarde. Les groupes sociaux continuent de se regrouper de manière très différenciée dans l’espace (voir les travaux de N. Tabard à l’INSEE). Le dynamisme démographique, même s’il obéit à de grandes tendances (comme l’attraction vers les côtes), est extrêmement différencié lorsqu’on l’analyse finement [13]. La leçon de ce premier constat est qu’il faut être prudent avec les raisonnements macro-géographiques. Des exemples ponctuels de réussite d’une ville ou d’un canton ne sont pas rares dans des zones globalement en déclin. L’aménagement du territoire a besoin d’approches précises, différenciées, donc *décentralisées*. Les cartes de synthèse sont utiles, à condition de savoir qu’elles sont fausses !

La deuxième grande tendance est que le territoire réel est de plus en plus mal représenté par l’image pyramidale et hiérarchique que nous lui associons spontanément. Nous imaginons difficilement la géographie autrement qu’à travers la carte des zones : le bel emboîtement des cantons, des arrondissements, des départements. Dans cette image, les effets de proximité l'emportent toujours sur les effets d'interdépendance à longue distance. C'est l'image à la Braudel des villes qui vivent en symbiose avec leur arrière-pays, et qui s'organisent en cascade, jusqu'à la capitale monopolisant les rapports avec les économies lointaines. Or l'économie globale, les interdépendances à longue distance, se mêlent désormais intimement à l'économie locale, aux effets de proximité. La planète est vraiment au village. Les échelles se brouillent. Durant les trente glorieuses, les processus de développement étaient de type extensif — Caen et la Basse-Normandie prises dans une même dynamique régionale. Ils sont aujourd'hui plus ponctuels, plus intensifs. Rien n'empêche une ville de prospérer dans une région qui décline, dès lors que cette ville est capable de s'inscrire dans un jeu de relations à grande échelle, formidablement facilité aujourd'hui par les communications modernes. Ceci joue, en particulier, pour les grandes villes, qui se développent comme *foyers de croissance autonome*, reliés en réseau avec d'autres grandes villes. Cette logique est poussée à l'extrême dans l'archipel des grandes places financières, et S. Sassen a pu montrer comment le boom financier des années quatre-vingt a contribué simultanément à la croissance de Londres, Tokyo et New York [19]. Comment ne pas noter aussi l'expansion des cités-États modernes (comme Singapour) qui sont des nœuds de réseau, et qui ont précisément comme atouts de ne pas être alourdies par des arrière-pays ? Bien sûr, ce sont là des cas-limites. Mais ils indiquent une direction générale, celle que nous avions désignée (avec P. Beckouche et M. Savy) comme passage d'un territoire des zones — où la proximité joue un rôle crucial — à un territoire des réseaux — au sens des réseaux socio-économiques davantage que réseaux physiques.

La troisième tendance découle de la précédente : c'est le risque de décrochage des périphéries, du glissement de l'inégalité à l'exclusion. Dans l'organisation de l'espace industriel traditionnel, dans les villes ou dans les régions, les effets d'inégalité et de ségrégation étaient forts, parfois brutaux. Mais le centre-ville bourgeois avait besoin du faubourg ouvrier, la métropole parisienne avait besoin des usines provinciales. C'est ce *couplage* dans l'inégalité qui risque aujourd'hui de se rompre, pour laisser place au décrochage, à l'apparition des zones entières qui sont non seulement appauvries mais littéralement hors circuit par rapport aux mécanismes économiques fondamentaux, ou condamnées à des circuits parallèles. La progression de l'exclusion est le problème numéro un de la France actuelle. Rappelons que l'INSEE chiffre aujourd'hui à 3 millions le nombre de personnes vivant en France avec moins de 1800 francs par mois. Bien sûr, l'exclusion n'est pas d'abord un problème territorial. Si elle est souvent considérée comme un problème de la "ville", c'est parce que l'espace résidentiel, dans les situations d'exclusion, devient le seul facteur d'identification. Mais l'exclusion est aussi, réellement, un problème d'aménagement du territoire. Pour des raisons d'équité, évidemment. Et parce qu'il est difficile d'imaginer, à long terme, une économie et des entreprises performantes dans une société déchirée, fracturée, sans cohésion sociale et amenée à supporter des charges excessives de non-activité. C'est la thèse que défend excellemment J. Gandois dans le rapport du Commissariat général du plan sur la "performance globale" [5].

Un quatrième aspect de ces changements est enfin qu'il nous faut repenser les rapports entre villes et campagnes. Il faut se dégager des images traditionnelles où la campagne n'est que la périphérie de la ville, celle qui la nourrit et lui apporte ses bras excédentaires. L'espace rural est une composante de l'espace économique global français. Comme le rappelle Bernard Kayser, il est très simplificateur de parler de "désertification" [12]. L'espace rural est très varié, et connaît des zones de dynamisme comme des zones de déclin. Et surtout cet espace rural n'est plus un espace paysan, mais il est globalement très semblable à l'espace social urbain, à la densité près [11]. Les ouvriers résidant dans les campagnes représentent 35 % des actifs ruraux, les agriculteurs 25 %. La société "rurale" n'est qu'une partie — souvent plus pauvre, mais pas toujours — de la société globale. "Précarité, vieillissement, éclatement : le monde rural est confronté aux mêmes problèmes que le monde urbain", nous dit Bertrand Hervieu. Ses zones de croissance sont moins celles qui procèdent d'une "renaissance rurale" que celles qui sont intégrées, parfois d'assez loin, au mouvement d'entraînement des économies urbaines. La carte du dynamisme des communes rurales est à cet égard parlante, car elle montre que le monde rural qui se défend est, *grosso modo*, celui qui est dans l'aire d'influence des métropoles.

La leçon principale de ce constat est simple. C'est que les actions d'aménagement, au lieu d'opposer la ville et la campagne, devraient en resserrer les liens, en valoriser les synergies. Trop peu d'institutions, aujourd'hui, s'intéressent simultanément et transversalement aux zones denses et aux zones peu denses de notre territoire. Tout concourt, au contraire, à des prises en compte séparées. Or, le lien ville-campagne est réel, mais fragile — guetté par des effets de dissociation dont j'ai parlé plus haut. Des actions transversales permettraient de mettre en lumière la solidarité des problèmes, et de valoriser les complémentarités.

4. — La globalisation : faut-il la craindre ?

Une économie "nationale" comme celle de la France n'est plus, depuis longtemps, une mosaïque d'économies "régionales". Le sens de cette dernière expression est devenu flou dès les années de croissance, avec le processus de centralisation que nous avons décrit. L'économie mondiale est-elle une mosaïque d'économies nationales ? C'est de moins en moins vrai, en raison de l'extension accélérée des réseaux transnationaux de production — et pas seulement d'échange — au cours des années quatre-vingt. Que signifient, par exemple, les fameux chiffres du commerce extérieur, lorsqu'on sait qu'un tiers, au bas mot, des échanges extérieurs de la France est le fait d'échanges *internes* entre établissements des multinationales ? R.B. Reich, aujourd'hui ministre du Travail de Clinton, a énoncé le problème de manière provocatrice [17]. Prétendre, dit-il en substance, que les Américains sont toujours dans le même bateau économique n'a plus de sens. L'espace économique des firmes est dissocié de l'espace social des nations. Ce qui importe, dès lors, ce ne sont pas les firmes sous pavillon américain, mais les emplois sur le sol américain. Peu importe que l'entreprise soit japonaise ou française. A quoi Laura d'Andrea Tyson, autre conseillère de Clinton, répond : non, l'emploi n'est pas seul en cause ; une entreprise japonaise ne développera pas ses activités stratégiques aux États-Unis comme une firme américaine. La France a connu le même type de débat, notamment lorsque le ministère des Finances s'est avisé, en 1987-1988, du déficit croissant de la balance des investissements directs entre la France et l'étranger, et s'est posé la question de l'"*attractivité*" du territoire français.

Rappelons d'abord les faits principaux. L'économie française est aujourd'hui une des plus ouvertes du monde. F. Hatem, de la mission "Investir en France", a calculé que la proportion des emplois (industriels) relevant de firmes françaises, localisées en France, et travaillant pour le marché intérieur est d'environ 40 % en 1989, contre 55 % dix années auparavant.

La grande rupture, en fait, se produit au milieu des années quatre-vingt, avec le boom mondial des investissements directs à l'étranger, boom auquel les firmes françaises participent activement. Le stock mondial de ces investissements directs croît au rythme impressionnant de 20 % entre 1985 et 1990, pour se tasser ensuite, en raison de la crise. Les firmes françaises, durant la même période, investissent davantage à l'étranger (notamment aux États-Unis) qu'en France. Cette vague d'investissement consiste, pour la plus grande partie, en opérations de croissance externe, de fusions ou d'acquisitions, dans un gigantesque jeu de redistribution des cartes, appuyé sur la globalisation financière, et renforçant le poids des activités financières.

La globalisation des vingt dernières années se distingue ainsi de la multinationalisation des années soixante et soixante-dix, par une série de caractères :

— le caractère *multiforme* des canaux de l'internationalisation : les investissements tiennent désormais la première place mais, parallèlement, de multiples alliances stratégiques sans transferts de propriété se développent ;

— une *géographie multipolaire*, très différente de la "division internationale du travail" des années soixante et soixante-dix : les États-Unis, qui étaient, de loin, les premiers investisseurs à l'étranger, deviennent le premier pays d'accueil des investissements étrangers. Le Japon entre activement dans le jeu. Et l'Europe devient à la fois le principal exportateur de capitaux, et l'une des premières zones d'accueil du monde ;

— une *division* croissante entre le monde développé, quelques pays d'Asie et d'Amérique latine en forte croissance, et le reste du monde, qui est en réalité de plus en plus exclu. En 1980, les cent pays les plus pauvres réalisaient 8 % des exportations et 9 % des importations mondiales. En 1990, ces taux sont tombés à 1,4 % et 5 %. Les investissements transnationaux vers les pays en développement sont en nette régression, alors qu'ils explosent littéralement entre les pays de la Triade. Les accords sur les matières premières, passés dans les années soixante et qui assuraient un minimum de sécurité aux pays exportateurs, sont en voie d'abandon, ou de démantèlement. Le Nord a de moins en moins besoin du Sud. Se dessine ce que certains appellent un "techno-apartheid" ;

— le caractère, enfin, de plus en plus *synchrone* de l'économie mondiale : les crises s'y propagent de plus en plus vite, comme les virus et les épidémies. Les avantages technologiques des pays leaders s'effritent rapidement. Le fameux schéma proposé par l'économiste américain Vernon dans les années soixante — où les productions passent progressivement du pays leader, les États-Unis, aux pays suiveurs, au fur et à mesure que la technologie mûrit et se standardise — appartient désormais au passé, comme les Américains l'ont expérimenté amèrement dans l'électronique.

Dans ce monde, on peut discuter pour savoir s'il vaut mieux une ouverture régulée, aménagée — autour d'un grand bloc européen — ou une ouverture franche et massive. Mais l'ouverture elle-même n'est plus un choix. Qu'elle alimente bien des inquiétudes, voire des tentations de repli, peut se comprendre. Car ce monde plus ouvert est aussi un monde bien peu et bien mal *régulé*. Il y a toutefois deux idées fausses qui circulent abondamment, et qu'on doit, me semble-t-il, réfuter.

La première est que le monde globalisé serait un monde en voie d'uniformisation, dans lequel nos spécificités locales et régionales seraient inexorablement laminées. En réalité, la globalisation n'est pas l'unification des marchés ou des produits. Coca-cola, MacDonald's, Ikea existent. Mais les produits mondiaux et les enseignes mondiales restent très rares. Les modes de consommation demeurent fortement marqués par le cadre national, et même régional — parce que les goûts des consommateurs divergent, et aussi parce qu'ils sont très dépendants des structures de distribution. Dans un groupe implanté dans presque toute l'Europe comme BSN, on parle beaucoup de "produits européens". Mais, pour l'heure, les produits restent essentiellement nationaux. L'Europe du Nord et l'Europe du Sud n'aiment pas le même chocolat. Les Allemands achètent le yaourt à la pièce, et non par packs de huit comme les Français. Un exemple encore plus frappant est celui de la pharmacie. Voici un secteur où la recherche amont est de plus en plus mondialisée, et se focalise autour d'une dizaine de sites universitaires dans le monde, guère davantage. Mais les marchés restent extrêmement segmentés, à la fois par protectionnisme déguisé — les fameuses procédures d'autorisation de mise sur le marché mettent en jeu des circuits courts de recherche clinique, souvent régionaux — et parce que les consommations elles-mêmes restent très différenciées. Les Italiens préfèrent les injections, les Allemands les cachets, etc. Les maladies elles-mêmes sont très nationales. (Sans compter que 80 % du chiffre d'affaires de la branche se font dans les pays développés, alors que la masse des besoins est au Sud — les maladies non solvables intéressent beaucoup moins que les maladies de riches.)

Dans la grande majorité des secteurs, globalisation signifie donc capacité de prendre en compte dans une stratégie d'ensemble l'immense *diversité* du monde. Et c'est pourquoi, paradoxalement, les firmes confrontées à la mondialisation cherchent plutôt à diversifier leurs organisations, à les rendre plus souples, mieux capables de coller au terrain. Les grandes structures bureaucratiques, comme celle d'IBM au temps de sa splendeur, étaient construites pour distribuer au monde des produits américains plus ou moins standardisés. Elles sont mal armées pour capter des besoins plus divers, pour passer d'une logique de produit à une logique de service, de résolution de problèmes. Tout l'art est donc de combiner une centralisation stratégique et, dans une certaine mesure, opérationnelle — gestion intégrée des données commerciales, par exemple, ou regroupement des fournisseurs — avec une décentralisation des organisations. Celle-ci est indispensable pour bénéficier des conditions locales les plus favorables, pour s'intégrer dans les circuits d'innovation locaux, pour rester très proche des marchés et de la distribution locale. L'externalisation, la filialisation, la mise en réseau, le développement des alliances locales sont des moyens privilégiés de ces stratégies.

La deuxième idée fausse sur la globalisation est qu'elle disqualifie inéluctablement une économie à hauts salaires et à forte protection sociale et que les délocalisations vont lentement, mais sûrement, grignoter l'activité sur le sol français. Cette thèse défaitiste ne résiste pas à l'analyse. Bien sûr, les firmes qui n'offrent que des produits standardisés, et aisément substituables, vivent plus dangereusement. Bien sûr, le monde ouvert est plus risqué pour les territoires qui n'ont à offrir que des ressources banalisées. Mais la dramatisation récente du discours sur les délocalisations est trompeuse. La concurrence des pays neufs est un phénomène de longue durée, qui n'a rien de nouveau. Et, surtout, la nouvelle division du travail est très différente de celle qui prévalait dans les années soixante et soixante-dix et qui opposait, *grosso modo*, les pays du Nord à hauts salaires et les pays du Sud. Quatre remarques, à ce propos :

— dans un monde où les technologies, les capitaux et les matières premières circulent rapidement, la proximité des marchés finaux redevient un facteur de localisation crucial. De nombreuses implantations asiatiques en Europe sont motivées par cette proximité. Des Chinois de Hong Kong fabriquent des téléviseurs bas de gamme à Sablé, sans trop souffrir apparemment de nos hauts salaires. (S'ajoute à cela, très souvent, la volonté de prévenir les risques de protectionnisme, d'autant plus dangereux pour les firmes que leur réseau est globalisé) ;

— ne confondons pas la concurrence de pays d'Asie dont le niveau de vie se rapproche rapidement du nôtre avec la "concurrence du tiers-monde", commode bouc émissaire du chômage. Dans les pays les plus pauvres, répétons-le, les délocalisations sont en forte régression ;

— les importations françaises en provenance d'Extrême-Orient et d'Europe centrale et orientale ne représentent aujourd'hui que 8 % de nos importations ; notre commerce est, le plus souvent, excédentaire avec ces zones. De plus, le vrai problème est celui de la concurrence sur les marchés tiers, comme celui des États-Unis ;

— la Chine, l'Inde, l'Amérique latine sont de formidables marchés potentiels pour nos exportations, ne fût-ce qu'en matière d'équipements et d'infrastructures, qui représentent aujourd'hui des goulots d'étranglement majeurs pour ces pays.

Comme l'écrit Jean-Pierre Fitoussi, président de l'Observatoire français des conjonctures économiques, "la croissance des pays à bas salaires est un problème, bien sûr, et l'a toujours été, mais ce n'est en rien *le* problème" (*le Débat*, n° 76, 1993). Nous importons trop de produits que nous pourrions fabriquer, et que nous ne produisons pas, faute d'entrepreneurs et d'une organisation adaptée. La vraie question est celle du *modèle de développement* que nous voulons privilégier. Si nous choisissons la sortie de crise par le bas, en considérant que le maintien, voire le renforcement du taylorisme constituent la seule voie, alors, en effet, la concurrence sera dure. Mais si nous choisissons la sortie par le haut, en privilégiant l'innovation de produit, la qualité, le niveau de service, alors de vastes possibilités existent. Les exemples du textile et de l'habillement, toujours cités à propos des délocalisations, le montrent. L'automatisation bien conduite, mais surtout la recherche de la qualité et de la réactivité, en contact étroit avec la distribution, permettent de maintenir et de développer des *productions en circuit court*, où la proximité est un atout essentiel. En Ariège, des entreprises lainières fonctionnent parfaitement, sans craindre la concurrence asiatique. Kenzo achète à 80 % en France. Des marques qui avaient joué à fond la carte de la délocalisation, comme Z ou Naf-Naf, redécouvrent les avantages du circuit court : répondre aux demandes en quinze jours n'est possible qu'en France. Ce qui est vrai pour l'habillement l'est, bien entendu, *a fortiori*, pour les secteurs où les coûts de main d'œuvre jouent un rôle moins central. Et l'on pourrait multiplier les exemples de secteurs où nos faibles performances n'ont rien à voir avec une quelconque fatalité des contraintes, et des coûts en particulier. Si nous importons les fleurs coupées à 90 % des Pays-Bas, c'est parce que les Hollandais ont compris depuis longtemps que de tels marchés reposent sur la logistique, le service, l'innovation de produit, l'organisation commerciale.

Trois aspects, dans cette sortie de crise par le haut, jouent un rôle essentiel, et ce n'est pas un hasard si on les trouve mis en exergue dans tous les grands rapports d'orientation économique des années récentes [5, 7, 18].

— Le rôle-clé de la formation : nous sommes un des pays les plus avancés du monde, mais trop de jeunes sont encore trop mal formés. Attention au dérapage : un adolescent taïwanais a aujourd'hui deux fois plus de chances d'accéder à des études supérieures qu'un jeune Britannique. La Thaïlande s'essouffle à suivre la Corée ou Taïwan, parce qu'elle n'a pas misé sur la formation.

— Le rôle des PME : il est central, car elles sont les mieux à même de saisir les marchés niches centrés sur la qualité, le service et la réactivité. Elles exportent beaucoup, mais leurs réseaux à l'étranger sont beaucoup trop faibles. L'effectif total à l'étranger des PME françaises est aujourd'hui inférieur à celui de la seule firme Alcatel.

— La décentralisation et la coopération décentralisée : c'est en se rapprochant du terrain, dans l'interaction fine avec des besoins spécifiques, que s'élaborent les produits et des services nouveaux pertinents, qui pourront ensuite élargir leur marché. Impressionnante serait la liste des PME perdues dans leur province et qui sont leader européen, voire mondial, dans leur créneau. La Corrèze compte peu d'industries : plusieurs d'entre elles sont leader sur les marchés internationaux.

5. — Compétitivité : l'organisation fait la différence

Deux facteurs ont considérablement modifié les termes de la compétition économique depuis une quinzaine d'années. L'ouverture des marchés a transformé l'univers de la concurrence, en amenant au premier plan des critères tels que la qualité, la variété, la réactivité, l'innovation. Les changements techniques ont, parallèlement, modifié en profondeur les façons d'accéder à ces performances, en discréditant les vieilles méthodes tayloriennes.

1) Les économistes distinguent la compétition par les coûts et les prix, et la compétition par la différenciation, les facteurs dits

“hors coût”. En pratique, ce que vivent les entreprises sur les marchés développés, c’est le brouillage de cette distinction et l’imbrication des contraintes. Les coûts restent — en dehors de quelques secteurs très particuliers — un critère central de concurrence. Mais, au-delà des coûts, les armes de la compétition se sont considérablement diversifiées. Une course à la différenciation et à la valeur ajoutée s’est engagée, amplifiée bien sûr par les politiques de monnaie forte, comme on l’a vu au Japon après 1975, et en Europe au cours de la dernière décennie.

La *qualité* s’impose de plus en plus comme un critère absolu, et non plus relatif, une condition *sine qua non* de survie. La R25 s’est bien vendue en France (mais pas en Allemagne) malgré les problèmes traditionnels de mise au point chez le client des premières séries. Quelques années plus tard, le marché n’a pas pardonné ces défauts de départ à la XM de Citroën. Renault, passé tout près du gouffre à cause de la qualité, l’a compris. La Safrane a été bloquée près d’un an avant d’être autorisée à la vente ! Cette histoire est significative d’une mutation générale.

La *variété* des biens et des services a, parallèlement, connu une véritable explosion, créant d'ailleurs un casse-tête pour les industriels, qui peinent à suivre l'imagination des hommes de marketing. Nielsen, le grand institut de sondage, a calculé que, au cours des cinq dernières années, cent nouvelles références alimentaires par jour ont été créées. Renault, qui gérait il y a quelques années deux cents coffres moteurs différents (mariage d'un modèle et d'un moteur) en gère aujourd'hui près de mille. Dans cette course à la variété, il y a des excès, des fuites en avant. Mais on ne reviendra pas à un monde de faible diversité.

La *réactivité* impose des formes de flexibilité qui viennent interférer avec celles qu'impose la variété. La fluctuation des volumes entraînée par l'ouverture des marchés est souvent imprévisible, même à court terme. Coller à ces fluctuations, fabriquer et vendre en phase avec les cycles, et non à contre-cycle, devient alors un élément crucial de santé économique. Réduire les temps d'accès au marché (*time to market*) est un facteur-clé de compétitivité, en raison du cycle de vie raccourci des produits. Contracter le temps de développement et d'industrialisation est souvent plus décisif que de grignoter les coûts de fabrication. Dans l'automobile, le retard pris dans ce domaine par rapport au Japon est notre handicap numéro un, et a conduit les constructeurs à des formes d'organisation par projet radicalement nouvelles [14].

Enfin, la réactivité doit s'accompagner d'une vraie capacité d'*innovation*, celle qui anticipe sur la demande, et qui ne se contente pas de s'adapter à l'environnement extérieur fluctuant. L'horlogerie suisse n'a pas été sauvée par la rationalisation des méthodes et des machines, mais par des innovations de produit, comme la Swatch.

2) Tel est le décor, l'ambiance nouvelle de la compétition. Or ces nouvelles exigences de performance, bien différentes de celles de la production de masse des années cinquante à soixante-dix, s'accordent mal avec les organisations traditionnelles des firmes. Et ceci pour une raison tout à fait centrale, qui est le rôle désormais décisif des relations entre acteurs des cycles productifs, et plus spécialement des interactions non routinisées, difficiles à programmer, interactions que le taylorisme s'était précisément acharné à réduire au strict minimum.

L'organisation taylorienne tirait son efficacité de la rigueur des découpages entre fonctions de l'entreprise, entre tâches et entre métiers, et de la précision de la programmation. Mais ces principes, qui permettent de réduire les coûts en environnement stable, fonctionnent très mal pour la variété, la réactivité et surtout la qualité ou l'innovation.

Par exemple, pour gagner en qualité, on commence par s'attaquer aux défauts en fabrication. Mais on s'aperçoit vite que ces derniers sont plus liés à la conception des produits et des *process* qu'au comportement des opérateurs. De proche en proche, on comprend que la qualité est une fonction globale, et qu'elle est directement liée à la densité et à la pertinence des communications entre les acteurs de l'entreprise. Cela va de la remontée d'informations du commercial jusqu'à la communication entre les concepteurs et les exécutants, en passant par les échanges dans les équipes d'opérateurs elles-mêmes. D'où un formidable renversement : alors que le taylorisme était entièrement bâti sur un idéal de zéro-communication, la “nouvelle productivité” est directement liée à la capacité de *coopération* entre toutes les parties du système de production, depuis l'amont jusqu'au client, en passant par les services fonctionnels, les fournisseurs, etc. *L'efficacité est relationnelle.* La productivité des opérations fait place à une productivité des interfaces.

Bien entendu, ceci implique une révolution copernicienne, par l'appel à l'initiative et à l'intelligence des salariés — bien difficile à mettre en œuvre dans l'ambiance taylorienne encore dominante. La formation est un atout essentiel. Mais la formation ne peut pas tout. Il est préférable, pour beaucoup de firmes, de rendre les organisations qualifiantes — au sens où elles créent par elles-mêmes une dynamique de progrès des compétences — avec des personnes moyennement ou peu diplômées, que de rester dans des organisations traditionnelles avec des super-spécialistes. Bien des facteurs poussent aujourd'hui vers des formations plus théoriques, mais l'intelligence pratique, fondée sur l'expérience, garde sa valeur. Une économie française axée sur la qualité et l'innovation n'est pas une économie excluant tous les non-diplômés de l'enseignement supérieur ! La place accordée aux diplômes par beaucoup de firmes relève souvent d'une stratégie d'assurance sur la qualité du salarié (rôle qui était tenu précédemment par le recrutement familial, les effets de réputation, etc.) autant et plus que d'un vrai besoin de compétence. Des expériences comme celle de Péchiney à Dunkerque et bien d'autres dans les PME montrent qu'on peut arriver à un niveau d'organisation et de compétence collective très élevé avec des personnes ayant au départ un niveau de diplôme très modeste.

3) Un fait remarquable est que la transformation des techniques — *grosso modo*, l'informatisation et l'automatisation à base informatisée — crée des exigences qui vont globalement dans le même sens que la transformation des marchés. La mutation technologique appelle également des organisations plus intégrées et plus coopérantes que les organisations traditionnelles. Dans les secteurs automatisés, même moyennement automatisés, la relation entre les coûts des *inputs*, en particulier le coût du travail, et les coûts de revient n'est plus du tout proportionnelle. Ce qui est décisif, c'est la façon de combiner les ressources, de les utiliser intelligemment, notamment pour obtenir une bonne fiabilité des systèmes techniques.

L'automatisation suppose un degré de fiabilité des outils très supérieur à celui traditionnellement admis, entre autres parce que les pannes produisent des effets en chaîne et sont beaucoup plus pénalisantes. Une différence *a priori* minime de fiabilité des équipements de base peut entraîner, par effet boule de neige, des surcoûts d'investissement et d'exploitation considérables. (Par exemple, dans les tôleries robotisées de l'industrie automobile, des différences de quelques points en taux de panne des robots entre la France et le Japon finissaient, en 1987-88, par exiger 50 % d'investissements supplémentaires pour gérer les stocks de secours, en particulier !) Or, comment obtenir cette fiabilité ? Tout simplement par les hommes et par l'organisation, par exemple en intégrant la fabrication et la maintenance, en favorisant une bonne mémoire des installations et de leur fonctionnement, une coopération étroite entre les concepteurs et les utilisateurs.

C'est ainsi que s'explique l'apparent mystère, souvent constaté, des pays à coût de main-d'œuvre élevé qui produisent non seulement mieux, mais souvent *moins cher* que d'autres, plus mal organisés. Dans beaucoup de secteurs, y compris dans une grande partie du tertiaire très mécanisé, les coûts de main-d'œuvre dite directe ne représentent plus qu'une faible partie du coût de revient (entre 8 % et 15 %). Cette part a d'ailleurs fortement baissé dans les années soixante-dix et quatre-vingt, où les investissements ont été surtout des investissements de productivité. Mais le phénomène central est celui-ci : l'essentiel des coûts et des performances dépend de la bonne conduite du système technique, qui elle-même dépend directement de la qualité de l'organisation. La technique laissée à elle-même a un effet cancérigène. Pour augmenter la fiabilité, on peut toujours rajouter des régulations techniques, qui ne font qu'accroître la complexité, la fragilité, les risques de non-qualité. L'autre voie est de simplifier, et de s'appuyer sur la coopération et la décentralisation dans l'organisation. Coopération, parce que la prise en charge efficace de systèmes techniques complexes ne peut être que collective. Décentralisation, parce que seuls les opérateurs au contact direct des problèmes peuvent réagir efficacement, et avec des boucles courtes de diagnostic et de décision.

Bien entendu, cela ne signifie pas que, du point de vue macro-économique, ou pour certains secteurs particuliers encore très intensifs en main-d'œuvre, la question du coût du travail soit devenue obsolète. Ni que la fameuse question des charges sociales soit dénuée de sens. Car il est effectivement anormal de faire reposer aussi largement le coût de la protection sociale sur le travail salarié, plutôt que sur la fiscalité, amenant à ce paradoxe que, lorsque l'emploi diminue, le coût du travail augmente. Il y a un champ immense de réformes urgentes, surtout quand on songe à l'évolution future du rapport entre actifs et inactifs. Mais il est faux de dire que le coût du travail et les charges sociales sont un handicap majeur pour l'industrie française. Une des dernières publications du Centre d'études des revenus et des coûts, malheureusement supprimé depuis lors, note que le coût du travail en France reste dans une position médiane, et que les pays dont les salaires ont progressé le plus rapidement, comme le Japon ou la RFA, sont aussi ceux qui ont connu les réussites les plus brillantes [4]. Le rapport Gandois, déjà cité, le reconnaît très clairement : la compétitivité des entreprises françaises est globalement satisfaisante, et les progrès viendront d'une meilleure capacité d'organisation et d'une meilleure conduite de l'innovation.

Autant que sur le niveau moyen des salaires français, il faudrait en revanche s'interroger sur l'ouverture de l'éventail salarial, qui reste l'un des plus forts des pays développés. Le salaire horaire moyen en Allemagne dépasse de 20 % le salaire moyen français. Mais l'écart est de 40 % pour les ouvriers ! L'écart entre ouvriers et non-ouvriers est en France de 1,8 contre 1,4 à 1,6 dans les autres pays. Cet éventail est significatif de la faiblesse du contrat social implicite entre les diverses catégories de salariés. Or la cohésion organisationnelle qu'exigent les nouvelles formes de compétitivité appelle aussi, *in fine*, une certaine cohésion sociale. Tout se tient : ce n'est pas la France des castes et des corporatismes qui gagnera, et ce n'est pas en abaissant encore les salaires les plus faibles que le chômage reculera, et que nous deviendrons compétitifs.

6. — Compétitivité et performances : innover plus et mieux

L'innovation est la clé du retour de la croissance et du développement de l'emploi. Mais le terme doit être précisé. La France, au cours des décennies passées, a largement privilégié l'innovation dans les techniques de production, au détriment de l'innovation de produit. L'innovation y est trop associée à la technique, et particulièrement à la "*high-tech*". Et elle s'accompagne trop souvent de ruptures brutales, mal contrôlées.

1) Dans les années d'après-guerre, investir voulait dire recréer des capacités de production. Puis, avec la crise, l'investissement s'est massivement tourné vers les équipements et les machines destinées à rationaliser la production, à abaisser les coûts. Au début des années quatre-vingt, les entreprises industrielles se sont lancées très hardiment dans l'automatisation. Quitte à s'apercevoir souvent que les investissements d'automatisation étaient plus longs à produire leurs effets et plus coûteux à amortir que prévu, qu'ils étaient souvent des facteurs de rigidité accrue, et qu'ils exigeaient une qualité d'organisation qui n'était pas toujours au rendez-vous. Dans l'automobile, les ambitions ont alors été réduites. Dans l'agro-alimentaire, on envisage de revenir à des unités plus petites, moins automatisées. Mais, surtout, la polarisation des ingénieurs sur les *process* de fabrication a quelque peu repoussé au second plan l'essentiel, à savoir la création de nouveaux produits, de nouveaux complexes biens-services, de nouvelles filières de création de valeur pour les clients. L'exemple de la pêche bretonne, parmi tant d'autres, est significatif. La modernisation a porté sur les équipements — des bateaux sophistiqués, d'ailleurs sub-

ventionnés par la région — beaucoup plus que sur les filières commerciales, les produits ou les services.

Il est difficile de savoir si les choses changent, entre autres parce que les investissements comptabilisés continuent de séparer fortement les investissements matériels et les investissements dits immatériels, à savoir la recherche et le développement, la formation, les logiciels, la fonction commerciale. Mais A. Merlin, directeur des études économiques de Saint-Gobain note, dans *le Monde* du 4 mai 1993, la montée en puissance de deux catégories d'investissements : ceux qui concernent l'environnement (18 % des budgets, selon l'INSEE) et ceux qui sont directement liés au lancement de nouveaux produits (15 % des mêmes budgets). L'investissement, au sens traditionnel, a fortement chuté entre 1991 et 1993, années noires. Mais l'investissement immatériel (au sens précédent) est passé de 21 % de l'investissement matériel en 1974 à près de 40 % en 1990. La part de la recherche-développement est passée de 8 % à 12 % de ce total (c'est-à-dire 1,3 % de la valeur ajoutée). Ce taux reste inférieur à celui de l'Allemagne ou du Japon. Mais ne faisons pas dire ici aux chiffres plus qu'ils ne peuvent dire.

La définition de la recherche et surtout du développement n'est pas toujours claire. Et, comme pour l'investissement en général, l'essentiel ici n'est pas le volume de recherche-développement, mais la pertinence de son organisation, et la capacité de se servir intelligemment des résultats obtenus.

2) L'innovation, comme les autres éléments de la performance des entreprises, est d'abord *relationnelle*. Une innovation de produit réussie est presque toujours le résultat d'un croisement de cultures. Les grandes firmes se contentent souvent de rénover leurs produits existants, ou de les décliner sous de multiples variantes. Elles ont quelquefois du mal à produire réellement du neuf, parce qu'elles sont trop cloisonnées, parce qu'il est difficile d'y marier des cultures aussi différentes que celles des chercheurs et des commerciaux. Elles se laissent ainsi enfermer dans des impasses technologiques, c'est-à-dire des accumulations de choix peu contrôlés qui, par l'ampleur des moyens mis en œuvre, deviennent irréversibles. A l'inverse, M. Callon a développé l'idée de "réseaux technico-économiques", c'est-à-dire de réseaux d'acteurs, reliés par des étapes nécessaires de traduction, qui jalonnent le passage souvent hasardeux de

l'idée au marché. Dans ces réseaux, il n'y a pas d'itinéraire obligatoire ou de séquence standardisée. L'acquis principal de l'étude récente des processus d'innovation est de casser l'image d'un processus linéaire descendant du laboratoire de recherche au centre de développement, puis à l'usine. Les chemins de l'innovation sont multiples, et c'est ce qui rend sa gestion difficile.

Au cours des dernières années, une très forte pression s'est exercée pour doter les régions et les villes moyennes d'universités et de centres de recherche publics. Il est vrai que la recherche, en France, est beaucoup trop parisienne. Mais il n'y a aucun résultat magique à attendre de la juxtaposition d'universités, de laboratoires et d'entreprises. Strasbourg a une recherche très active, mais largement décalée par rapport à l'industrie alsacienne, qui pourtant ne se porte pas mal. En France, beaucoup de responsables locaux sont encore prisonniers de cette image linéaire de l'innovation. En réalité, les laboratoires universitaires sont souvent trop en amont par rapport aux besoins des entreprises pour que les contacts directs soient faciles et fructueux. En Allemagne, les firmes petites et moyennes trouvent surtout un appui technologique auprès des

Fachhochschulen, écoles spécialisées dans la formation d'ingénieurs-techniciens (bac + 4), qui font peu de recherche. Mais il est vrai aussi que les grandes universités techniques allemandes jouent un rôle de plaque tournante entre monde industriel et monde académique dont nous n'avons pas l'équivalent, parce que nos grandes écoles d'ingénieurs sont trop petites et trop émiettées, et parce qu'une grande partie de la recherche technique se fait en dehors d'elles, dans des organismes publics ou parapublics qui ne communiquent pas toujours facilement avec les entreprises.

Enfin, il est clair que nous souffrons d'une conception trop techniciste de l'innovation. Comme le dit R.B. Reich, une économie dynamique est celle qui est capable de mettre en relation de coopération trois catégories d'acteurs : ceux qui portent la compétence technique, ceux qui sont capables de repérer les demandes sociales, ou d'imaginer de nouveaux montages de biens et de services, et ceux qui, au service des précédents, assurent la collecte et la gestion des moyens financiers et techniques. Nos efforts, dans ce triangle, ne sont pas équilibrés. Le financement des projets d'innovation reste, en particulier, très déficient. P. Laffitte, qui fut à l'origine de Sophia-Antipolis, note le formidable dynamisme des sociétés innovantes en Californie — où d'ailleurs s'illustrent de nombreux Français — et explique le contraste avec l'atonie relative en France par les insuffisances du système financier : non pas tant au plan du capital-risque lui-même que de l'absence de relais lorsque les sociétés nouvelles veulent grandir et entrer en Bourse (aux États-Unis, ce relais est pris massivement par les fonds institutionnels).

3) Recentrer vers l'innovation de produit ne doit pas conduire à se désintéresser de l'innovation de processus ou de l'innovation d'organisation. La conduite des projets d'investissement et de modernisation, trop souvent mal préparés, prisonniers de la fascination pour la technologie, est un problème crucial. Les propositions du rapport Riboud [18], déjà cité, restent d'actualité. Le mal-investissement, notait ce rapport, est aussi répandu que le sous-investissement, et il est aussi grave. Miser sur les machines ou, pire, sur l'informatique, lorsque l'organisation n'est pas performante, lorsque les hommes sont démotivés, ne sert souvent qu'à aggraver les problèmes. Plus récemment, une réflexion venue du Japon com-

mence à faire son chemin. C'est l'idée que l'essentiel des progrès vient de micro-innovations, du progrès permanent, incrémental, inlassable (ce que les Japonais appellent *Kaizen*). Toyota affirme que 80 % de ses gains de performance viennent de tels micro-projets, principalement issus des suggestions des opérateurs, qui sont loin d'être un gadget, et 20 % seulement de ses investissements ! Trop axés sur la seule technique, nous sommes aussi prisonniers d'une conception de l'innovation par sauts, ruptures, "*stop and go*". Loin d'être l'exclusivité des ingénieurs ou des cadres du marketing, l'innovation efficace est une fonction internalisée à tous les échelons de l'entreprise. D'après J. Magaud et K. Sujita, qui ont comparé très finement deux entreprises proches par leur produit, leur taille et leur technologie à Angers et à Nagano (Japon), une différence essentielle réside dans le fait que tout savoir technique, au Japon, est contextualisé. Une machine est concrète, liée à son histoire, et ses opérateurs en sont responsables. Ils ont le droit et le devoir de l'améliorer, quitte à passer par le bricolage. Pour nous, la machine est l'affaire de l'ingénieur, qui lui-même applique à la technique les principes universels de la science.

7. — Services et réseaux

Chacun sait que les fonctions de traitement de l'information prennent une place croissante dans les activités économiques. On parle souvent de société "post-industrielle". Mais ce vocabulaire est trompeur, lorsqu'il sous-entend que l'industrie serait dépassée. En fait, il vaudrait mieux abandonner, une fois pour toutes, cette distinction tertiaire-industrie qui embrouille l'analyse plus qu'elle ne l'éclaire. Cela permettrait de voir que derrière cette fameuse montée des services, c'est aussi une nouvelle économie industrielle qui émerge, avec de nouvelles structures sociales — et, à terme, une crise de l'entreprise traditionnelle.

1) La tertiairisation est en partie une illusion statistique, liée à l'externalisation croissante des fonctions industrielles. Une prestation d'études, ou de nettoyage, est secondaire lorsqu'elle est effectuée chez Rhône-Poulenc, tertiaire lorsqu'elle est confiée à l'extérieur. De plus, le tertiaire est extraordinairement divers : quoi de commun entre les grandes machines à faire circuler l'information, l'argent ou les marchandises (banques, systèmes logistiques organisés autour d'une infrastructure coûteuse), les services intellectuels aux entreprises (réseaux

de consultants hautement qualifiés) et les services personnels peu qualifiés et surtout mal payés qui ont fait le succès de la "*job machine*" américaine ? En réalité, il y a moins de rupture que de complémentarité entre les services (comme secteur) et l'industrie. Nous n'entrons pas dans une société post-industrielle mais dans une société industrielle de service :

— Les produits de l'industrie sont de plus en plus des ensembles intégrés de biens et de services associés (après-vente, crédit, etc.).

— Le développement des services internes et celui des services externes aux entreprises industrielles sont fortement corrélés, y compris géographiquement : c'est un continuum qui se crée.

— Dans les secteurs en progression, le *hard* et le *soft* se soutiennent mutuellement. L'électronique, l'informatique, le multimédia illustrent parfaitement cela. Certains, comme Gershuny, prédisent même une tendance croissante à remplacer les services par du self-service appuyé sur une prolifération d'objets nouveaux, et J. Attali pousse cette idée jusqu'à faire des "objets nomades", substituts des services de santé et d'éducation, par exemple, un ressort de la croissance future.

— L'industrie, au sens traditionnel, reste au cœur de la compétitivité des nations. Toutes les études le montrent. Les Américains, qui l'avaient un peu oublié, en ont récemment repris conscience avec force. Ne l'oublions pas à notre tour.

Il y a enfin, et c'est le plus important, une confusion entre les services (comme secteur) et le service (comme mode de relation entre acteurs). Car le phénomène de fond est la montée de la *relation de service* comme élément central de l'économie moderne, y compris dans l'industrie la plus traditionnelle [8, 10]. De plus en plus, les firmes s'organisent comme un réseau interne "clients-fournisseurs" : on retrouve ici le caractère relationnel de l'efficacité, la productivité des interfaces autant que des opérations. Et la qualité du service au client devient un élément de différenciation essentiel.

2) Ceci s'accompagne de changements majeurs dans la structure des organisations productives. La montée des services, et de la relation de service, est intimement liée à la mise en réseau des activités.

Dans l'économie de production de masse, la grande entreprise concentrait toutes les fonctions dans une sorte de *pipe-line* : elle réalisait la fabrication, les études en amont, la distribution en aval. Désormais, le *pipe-line* allant de technologies standardisées à des usages de masse éclate. A l'amont, les canaux de relation entre la firme et les mondes de la technologie et de la science se diversifient, à travers de multiples médiations (recherche coopérative interfirmes, relations avec la recherche publique, veille technologique). A l'aval, la relation avec les marchés se complexifie à travers des services intermédiaires mettant en jeu des univers professionnels spécialisés. Enfin, dans de nombreux secteurs, une part rapidement croissante de la fabrication est externalisée. Dans l'automobile, par exemple, la valeur ajoutée des constructeurs est passée de 50 % à 30 % du coût total en quelques années. L'entreprise fait place à un réseau, dont la forme limite est la "*hollow corporation*", la firme creuse. Cette forme réseau permet l'accès à des compétences spécialisées, en répartissant les risques. Elle réduit le poids de charges fixes pour la firme centre, et souvent répartit sans le dire les charges indirectes de gestion, de coordination. La contrepartie est que les coûts de la flexibilité sont souvent reportés sur les maillons terminaux, les moins puissants. Dans le partenariat entre la grande firme et ses fournisseurs, la pression sur les coûts reste forte et s'accompagne d'exigences nouvelles en matière de délais, de qualité, de "service".

Se dessinent ainsi des réseaux à géométrie variable, qui se recouvrent largement les uns les autres. Par exemple, dans l'automobile, plus la part de valeur ajoutée réalisée par les fournisseurs augmente, plus augmente la solidarité objective entre les constructeurs, qui coopèrent, indirectement et directement, en même temps qu'ils se concurrencent.

F. Butera [3] remarque qu'une grande partie des nouvelles activités de services répond directement à ce passage à l'économie des réseaux : d'abord, parce que ces activités résultent de la *différenciation* croissante des grandes organisations traditionnelles ; symétriquement, parce que les systèmes de plus en plus éclatés ont besoin d'interfaces permettant le maintien de la cohérence et d'un certain niveau d'*intégration*. Il n'est d'ailleurs pas certain que ces emplois continuent de croître au même rythme : si les années quatre-vingt ont été celles de la rationalisation des ateliers, les années quatre-vingt dix seront certainement celles de la rationalisation des bureaux et des processus tertiaires. Au sein de grandes entreprises employant beaucoup de cols blancs comme IBM, ATT ou Kodak, ce mouvement a largement commencé. Sous le nom barbare de "*reengineering*", la mise à plat de fonctions tertiaires, comme la prise de commande, permet des économies drastiques, divisant souvent par deux ou trois les effectifs concernés. Mais la recherche d'organisations plus légères, plus flexibles, plus petites et le développement des réseaux d'activités, faisant émerger de nombreuses fonctions tertiaires et techniques spécialisées, constituent des tendances lourdes.

3) Cette émergence des réseaux a des conséquences considérables sur les structures et les modes de travail.

La première est la diversification des structures d'activité. L'entreprise, au sens traditionnel, n'est plus, et sera de moins en moins, le seul cadre d'organisation du travail. Ses frontières sont de plus en plus floues, et les unités réelles d'activité ressemblent de plus en plus à ce que les Anglo-Saxons appellent "*business process*" ou à des "réseaux de valeur ajoutée", comportant un noyau central assez stable — permettant la réalisation des économies d'échelle et/ou la centralisation stratégique — et des périphéries multiples.

La transformation des normes de travail va de pair avec ces changements. La définition rigoureusement standardisée des tâches ne peut plus être l'outil principal de différenciation et d'intégration du travail. Il est vrai qu'une intense production de normes et de règles tente aujourd'hui de canaliser l'éclatement des réseaux productifs : la vague actuelle de "certification qualité" en est un signe flagrant. Mais, à côté de ces nouvelles formes de standardisation, les notions de *métier* et de *professionnalité* reviennent en force. Elles apparaissent comme des éléments d'identification irremplaçables dans l'entreprise et hors de l'entreprise, où se redéveloppe une "économie de professionnels" plus ou moins indépendants. Bien entendu, tout ceci ne va pas sans risques de précarisation, d'effritement des garanties traditionnelles et de tension entre les minorités protégées et les majorités exposées à la flexibilisation des cadres d'emploi. Le Sud-Est de l'Angleterre, où l'on note un développement spectaculaire à la fois du travail à temps partiel et du travail "indépendant", illustre une voie possible, qui se traduit aussi par une forte augmentation des inégalités salariales. La question est : comment accéder à la souplesse des réseaux sans sacrifier les solidarités sociales ?

8. — Vers une renaissance des "économies-territoires" ?

L'économie relationnelle, dont on vient d'esquisser les grandes tendances, ne peut avoir les mêmes relations avec le territoire que l'économie taylorienne. Les organisations cloisonnées du taylorisme deviennent un handicap dès lors qu'il s'agit précisément de renouer des liens entre tous les acteurs qu'il avait séparés. Le problème-clé du rapport entre entreprises et territoire n'est plus : comment diviser le travail ? Mais : comment rendre solidaires et créatifs les réseaux d'activités à localisation multiple ? Dresser, dans ce contexte, la "nouvelle liste" des facteurs de localisation n'a pas beaucoup de sens. Il faut plutôt comprendre une dynamique globale, forcément différenciée selon les secteurs, les conjonctures, les hasards de l'histoire et des rencontres entre une ville, une région et une firme.

1) Deux grands systèmes de forces interfèrent dans cette dynamique. Le premier concerne ce qu'on peut appeler l'*espace technique des opérations*. Il combine l'élargissement des réseaux productifs et le rétrécissement de l'espace qu'entraînent les formidables progrès des communications. Si l'on se borne aux opérations techniques

— échanges d'informations plus ou moins standardisées, échanges de produits à l'intérieur d'une grande firme, ou dans un système de relations marchandes routinières —, la distance est un obstacle qui ne cesse de se réduire. Le maillage autoroutier, la grande vitesse ferroviaire, une offre de services de télécommunications aujourd'hui plutôt surabondante par rapport aux besoins moyens des firmes facilitent considérablement le fonctionnement de systèmes productifs multilocalisés. Parler, comme on le fait parfois, de situation périphérique pour des villes situées à quelques heures d'autoroute ou de train de Paris, ou de France périphérique par rapport à la fameuse "banane bleue" allant du Rhin au Pô, est à cet égard surprenant. Dans une zone richement dotée en infrastructures comme l'Europe de l'Ouest, le handicap de la distance pure n'existe plus vraiment. Ceci ne veut pas dire que l'espace physique est complètement neutralisé, car il faut ajouter un bémol, qui est le rôle différentiel croissant des infrastructures de premier rang. Quand Lyon est à deux heures de Paris, Autun se rapproche en temps absolu, mais s'éloigne en temps relatif. Ceci d'autant plus que les contraintes de synchronisation des systèmes industriels confèrent un avantage aux infrastructures les plus fiables. L'exemple de la production en flux tendus est à cet égard significatif. Contrairement au modèle japonais de Toyota City, où tous les fournisseurs sont groupés dans un étroit rayon — et qui pose aujourd'hui des problèmes de congestion —, l'industrie automobile européenne fonctionne bien, techniquement parlant, avec des fournisseurs largement répartis (si l'on met à part des "usines avancées" comme celles de l'assemblage des sièges qui sont très proches des sites de montage). Mais les constructeurs préfèrent travailler avec un fournisseur situé à mille kilomètres sur une infrastructure non saturée plutôt qu'avec un fournisseur plus proche, obligé d'emprunter des voies départementales avec des barrières de dégel. Ce type de contrainte, toutefois, joue infiniment plus dans les pays mal équipés en infrastructures, et explique en partie le caractère très fortement polarisé au développement actuel en Asie.

Se borner à la lecture de ces espaces techniques, et de leur topologie parfois surprenante, serait toutefois passer à côté de l'essentiel. Car si l'espace technique, celui des opérations ou des échanges marchands ordinaires, s'accommode de vastes maillages, *l'espace de l'organisation et de l'innovation* redonne aux territoires de proximité, aux unités sociales des villes et des régions, les chances d'un nouvel essor. *Ce retour du local dans un monde en voie de globalisation est le potentiel fondamental que l'aménagement du territoire doit saisir, amplifier et conforter.*

Quelles sont les raisons de cette importance nouvelle de la proximité ? Les éléments strictement économiques, comme le coût des transports et, plus généralement, les coûts liés à la distance physique, n'y tiennent pratiquement aucune place. *La logique de fond est sociale.* Un tissu économique performant est de moins en moins réductible à une sorte de meccano technique, ou à un simple réseau d'*inputs-outputs* marchands. Ce qui fait le dynamisme des territoires, c'est précisément l'imbrication qu'ils permettent entre l'économique, le technique, et la complexité des relations sociales extra-économiques. Il n'y a pas de modèle unique de la réussite territoriale. Mais il faut méditer la réussite des "économies-territoires" d'Italie centrale, d'Allemagne du Sud, de tissus comme le Choletais, la vallée de l'Arve, etc. On y trouve, sous des formes variées, une constante : c'est l'existence, au delà des concurrences, de solidarités multiples, enracinées souvent dans d'autres sphères que l'économie proprement dite. Piore et Sabel, dans un livre qui a eu un grand retentissement aux États-Unis, ont exalté ce modèle, en le présentant comme une alternative globale à la production de masse [16]. C'est sans doute excessif, mais il y a là une mine de réflexions utiles.

2) Ce qu'apporte la dimension socio-territoriale dans l'économie tient en deux mots principaux : *apprentissage* et *flexibilité*. Lundvall a montré comment, au Danemark, le dynamisme du secteur des biens d'équipements pour l'industrie laitière est directement fondé sur le dialogue étroit et permanent avec les utilisateurs, l'apprentissage producteur-client. L'étude *PMI 93*, du ministère de l'Industrie, a confirmé que, pour les PMI allemandes, le maillage client-fournisseur est plus stable et plus large qu'en France. Mais la capacité d'apprentissage ne se limite pas aux relations avec les clients. Elle se décline selon toutes les facettes de l'entreprise. Dans une économie changeante où dominent la compétition par la qualité et la compétition par le temps, l'apprentissage rapide est souvent synonyme de survie. Une organisation efficace n'est pas seulement

qualifiée, mais qualifiante, c'est-à-dire apprenante. Elle sait utiliser les problèmes pour progresser. Elle sait capitaliser les expériences. Elle sait élever les compétences par les interactions.

Ce qu'oublient de nombreuses perspectives futuristes centrées sur les techniques de communication, c'est que la matière première essentielle n'est pas ici l'information — les données qui circulent sur les réseaux — mais la connaissance, l'information mise en contexte, dotée de sens pour l'action. Or produire et partager la connaissance suppose souvent la proximité.

On le constate dans les grandes organisations multiterritoriales elles-mêmes, pourtant dotées de nombreux canaux d'échanges internes. Pourquoi, par exemple, les constructeurs automobiles comme Renault ou Chrysler, engagés dans de nouvelles organisations par projets, se lancent-ils dans la création de supercentres techniques, regroupant toute leur ingénierie ? Principalement parce que la coprésence physique se révèle comme le seul moyen efficace d'accélérer les apprentissages, de réduire le temps des projets, de maîtriser une complexité souvent plus combinatoire que strictement technique. Pour concevoir un coffre moteur, dans lequel se combinent de très nombreuses contraintes, rien ne vaut la discussion autour d'une maquette.

Mais la relation entre capacité d'apprentissage et proximité joue également sur des registres plus larges, dans les tissus localisés d'entreprises. En particulier parce que ces tissus permettent le partage de connaissances tacites, peu formalisées, non officielles. Une PME isolée peut apprendre vite et bien dans une sphère limitée (en fabrication, par exemple). Mais, face à la mouvante complexité des marchés, des techniques, des normes, elle rencontre vite ses limites. *Le partage d'expérience est alors une force considérable, décisive.* Faire partie d'un réseau, d'un tissu dynamique permet d'"être dans le coup", de savoir ce qui n'est écrit nulle part, même dans la presse spécialisée, de connaître les réputations des fournisseurs et des clients. Faut-il aller ou non sur tel marché ? Il y a toujours le pour et le contre. Pour un chef d'entreprise, la capacité de jugement, de séparation du positif et du négatif, de pesée qualificative des risques, est fondamentale. Or ce jugement est infiniment plus difficile pour l'entrepreneur isolé, débutant, socialement enclavé, que pour l'entrepreneur bien inséré dans un milieu, fût-ce au fin fond de la France rurale. Ce type d'apprentissage a besoin de lieux neutres, où l'on peut laisser provisoirement la méfiance, la concurrence au vestiaire. Les relations locales fournissent de tels lieux. Le territoire, bien sûr, n'est pas le seul vecteur de tels apprentissages. Les structures professionnelles, les réseaux d'échanges à base sectorielle ou technique, sont un autre vecteur fondamental. Mais chacun sait qu'en France, ces structures professionnelles — comme les sections du VDI, l'association des ingénieurs allemands, par exemple — sont faibles. Et c'est pourquoi le renforcement systématique des solidarités d'apprentissage entre PME, entre PME et groupes, entre acteurs privés et publics doit être une priorité de l'aménagement du territoire.

3) Le deuxième mot-clé pour comprendre le retour de la dimension territoriale dans la compétitivité est celui de *flexibilité*. Il vaudrait mieux, du reste, écrire ce terme au pluriel. Car les besoins de flexibilité, tous liés à l'augmentation considérable de l'incertitude qui pèse sur les firmes, sont multiples.

L'aspect le plus évident est celui de la *flexibilité à court terme*. Celui de l'ajustement des volumes à la demande. Ce problème est fortement compliqué par la variété croissante des produits, et il est d'autant plus difficile à résoudre que l'augmentation des charges fixes, du fait de la technologie par exemple, tend à élever les seuils de profitabilité. "Variabiliser" des charges devient alors une obsession pour de nombreux entrepreneurs. En théorie, des réseaux locaux peuvent permettre de répartir des commandes par des jeux croisés de sous-traitance. En pratique, cela ne concerne guère que des tissus limités et spécialisés. C'est donc la flexibilité du travail et de l'emploi qui est recherchée. Mais cette flexibilité est souvent à courte vue. Le recours systématique à des intérimaires, par exemple, est contre-productif lorsqu'il empêche l'accumulation des compétences. Et il se retourne souvent contre la réactivité elle-même, qui suppose une excellente maîtrise des outils, une mémoire collective sûre. Pour réagir vite aux pannes, il faut connaître à fond les machines. On touche ici l'une des contradictions majeures de notre société. La performance de l'entreprise est de plus en plus fondée sur la compétence et l'implication des hommes. Or les mécanismes de gestion font qu'on se sépare aujourd'hui plus facilement des hommes que des machines. Comment accumuler des compétences, obtenir l'implication de tous lorsque l'épée de Damoclès de l'instabilité de l'emploi domine tous les esprits ?

Le territoire n'est pas neutre dans ce jeu. En théorie, des marchés du travail ouverts et fluides permettent la compatibilité des besoins de flexibilité et d'apprentissage. Certains "districts", souvent cités en exemple, se caractérisent ainsi par une mobilité importante des salariés, qui permet une sorte de mutualisation de la compétence. Mais la tendance est, bien sûr, en faveur des grands marchés du travail de type métropolitain.

A ces besoins de flexibilité à court terme s'ajoutent des visées de *flexibilité à moyen, voire long terme* — celles qui concernent la réversibilité des grands choix, et notamment des choix de localisation. La question n'est plus seulement celle de l'ajustement, mais celle de l'*engagement* vis-à-vis d'un environnement, d'une société locale. Les grandes entreprises industrielles, en particulier, sont devenues très prudentes à cet égard. Elles savent combien il est difficile de se retirer des villes moyennes ou petites, parce que cela fait partie de leurs corvées quotidiennes depuis quinze ou vingt ans. Une implantation en région parisienne est beaucoup moins risquée. On est pratiquement sûr, à moyen terme, d'y trouver la force de travail spécialisée nécessaire. Et la taille du marché du travail engage incomparablement moins vis-à-vis du milieu métropolitain que vis-à-vis d'un milieu local. Le choix de la métropole agit comme une sorte d'assurance-flexibilité.

4) Voici donc posés les termes du problème central de la politique territoriale. Le territoire peut être un formidable moyen d'apprentissage collectif, à toutes les échelles. Mais la pression de l'incertitude, la peur de l'engagement poussent vers les métropoles plutôt que vers les enracinements locaux. D'autant plus que la métropole concentre aussi beaucoup d'autres atouts. Au nœud des grands réseaux, elle constitue en général, malgré les engorgements et les surcoûts, une bonne localisation "technique". Les possibilités d'apprentissage y sont multiples et diversifiées. Les marchés naissants s'y concentrent souvent et obligent pratiquement toute entreprise d'une certaine taille à y disposer au moins d'une antenne commerciale. Les individus eux-mêmes y espèrent, comme les entreprises, un avenir moins contraint. Pour les ménages biactifs, la probabilité de trouver deux emplois est considérablement plus forte que dans les villes

moyennes. Ne rêvons pas. Les chiffres le montrent, les systèmes de force de la localisation profitent aujourd'hui aux grandes agglomérations, et d'abord à Paris, plus qu'aux tissus régionaux. Et le poids des grands groupes, qui ont peu d'identité régionale, toutes les formes de centralisation, la disproportion considérable des tailles des marchés du travail lorsqu'on passe de Paris à Lyon ou Strasbourg renforcent encore ce tropisme français vers la métropole.

Mais il faut ajouter tout de suite qu'*il n'y a aucune fatalité géographique.* Des exemples nombreux et brillants montrent qu'on peut réussir ailleurs qu'à Paris, à Lyon ou à Toulouse. Des signes encourageants de développement des maillages territoriaux se multiplient. En définitive, les problèmes de fond sont ceux du modèle de développement de la société française dans son ensemble. Comment passer d'une vision négative à une vision positive de l'enracinement dans un territoire ? Comment faire pour que le territoire social redevienne un élément d'assurance pour l'activité économique, une base arrière où l'on nourrit ses forces, et non pas un risque à neutraliser ?

La réponse à ces questions ne peut pas être purement "spatiale". Elle fait partie de la réponse globale que donnera notre pays à des questions comme celle de la cohésion sociale ou du rapport à l'avenir. La montée de l'exclusion, le maintien d'un éventail de salaires trop ouvert sont les symptômes d'une société où chacun joue d'abord sa propre carte. Les taux d'intérêts élevés, la montée des revenus financiers au détriment des revenus productifs sont le signe d'une préférence pour le court terme qui renforce ce déclin des solidarités. La métropolisation est liée par mille fils invisibles à ce contexte. Le développement des économies-territoires va de pair avec la recherche d'une société non seulement plus efficace, mais aussi plus solidaire.

9. — Compétences, réseaux, projets : les clés du succès

Il n'y a pas de fatalité géographique. Les problèmes du territoire français sont d'abord de nature sociale et institutionnelle. La France regorge d'entreprises et d'entrepreneurs compétents et dynamiques. Mais les coupures sociales sont trop rigides, trop profondes. Dans les entreprises, il y a trop d'élitisme, trop d'écarts entre ingénieurs, techniciens et ouvriers. Le tissu des PME est trop émietté, trop individualiste.

1) L'équation de la réussite territoriale, sur le papier, est simple. Elle s'écrit : *compétences, réseaux, projets et institutions.*

Les *compétences* sont désormais la matière première quasiment unique du développement. C'est une matière première qui se crée, et qui ne se prélève pas, comme le charbon ou le poisson. C'est aussi une matière première qui a la singulière propriété de se régénérer toute seule, à travers des processus *cumulatifs* de progrès ou de déclin. Et c'est pourquoi sa dynamique propre risque d'accentuer les écarts entre forts et faibles. La formation de type scolaire en est un ingrédient essentiel. Mais elle doit être connectée avec la pratique. La compétence n'est pas seulement un savoir, mais un savoir mis en situation. D'où le risque de cercle vicieux : pour être compétent, il faut souvent être déjà dans un courant de développement.

La compétence, par ailleurs, se développe et se valorise toujours à travers des *réseaux.* Sans densification des réseaux internes de la firme, du tissu régional, du tissu national et international, la compétence reste orpheline. D'énormes gisements sont cachés là : dans la mise en connexion des compétences spécialisées. Pour les territoires locaux, l'ouverture sur l'extérieur — c'est-à-dire le plus souvent sur le monde — est vitale. Les territoires et les entreprises qui réussissent sont ceux et celles qui savent combiner enracinement et mobilité, voyage, curiosité, ouverture culturelle. Les régions d'émigration, mais aussi d'immigration, les régions-frontières, ont à cet égard des atouts que les autres régions n'ont pas. L'apparition de nouvelles générations d'entrepreneurs peut ici changer beaucoup de choses. On peut être installé au fond de la Creuse, disposer d'un réseau en Asie, et travailler en yens comme en francs. Cela est plus important que d'avoir une autoroute sous sa fenêtre.

La *capacité de projet* et l'*existence de cadres collectifs d'action* solides constituent le troisième élément-clé. Le grand paradoxe du monde "tout-économique" de la globalisation est que la réussite y repose moins sur les critères strictement géo-économiques que sur la capacité socio-politique d'initiative et d'organisation. Sans cohérence et sans projet, une ville ou une région ne peuvent être attractives pour un investisseur extérieur — sauf si ce dernier vient pour prélever temporairement une ressource passive. Sans institutions solides et sans vision de l'avenir, une région ne peut trouver les ressorts de stabilité et de confiance dans l'avenir indispensables au développement. La dictature du court terme menace en permanence. Les entreprises, comme les individus eux-mêmes, ont besoin de mécanismes capables de "ralentir les horloges", pour reprendre la jolie expression de P. Delmas à propos de l'Etat [9]. Construire les compétences, développer les réseaux, internes et externes : cela suppose une vision, un projet, réducteurs d'incertitude et surtout catalyseurs des énergies.

2) Quels moyens ? Quelles politiques ? L'esprit de ce bref essai n'est pas de dresser un catalogue de propositions. Mais j'évoquerai les chantiers prioritaires.

L'organisation des pouvoirs publics, d'abord. Elle est un élément central du cadre collectif d'action et, à ce titre, une des clés principales du développement. La décentralisation a produit un foisonnement de structures où se mêlent les échelles politico-territoriales de base et des réseaux multiples à vocation spécialisée. Ces schémas ont l'avantage de la souplesse. Mais l'éclatement des périmètres et des responsabilités produit une situation où, bien souvent, les acteurs publics se prévalent de l'intérêt général mais agissent comme des *lobbies* parmi d'autres. Il faut redonner de la lisibilité politique au territoire, en gardant la souplesse des organisations "techniques". A ce titre, l'éclatement des communes dans les agglomérations est doublement grave : pour les effets pervers bien connus de l'éclatement fiscal ou technique ; mais aussi par le brouillage des échelles politiques de référence.

Le deuxième problème-clé, à mon sens, est que la logique des blocs de compétences sectorielles, comme le souligne Pierre Calame, empêche toute distinction entre le niveau stratégique et le niveau opérationnel. En réalité, le premier se dissout purement et simplement dans le second. Il faut réinventer des dispositifs de réflexion stratégique reliant les acteurs autour du niveau politique. La planification territoriale physique, aujourd'hui moribonde, n'est pas forcément un mauvais candidat. Enfin, à l'heure où toutes les grandes organisations essaient de limiter le nombre de leurs niveaux de fonctionnement, l'existence de quatre niveaux (cinq avec les agglomérations) est un luxe coûteux.

A égalité de priorité, le deuxième chantier est bien sûr le renforcement des tissus locaux de PME-PMI et, plus précisément, le développement de *réseaux de solidarités orientés vers l'apprentissage collectif*. De très nombreuses structures existent pour aider et assister les entreprises. Mais il faudrait surtout encourager l'émergence de réseaux horizontaux. De nombreuses expériences de ce type existent, quelquefois simplement pour aider les entrepreneurs à casser leur isolement. Le rapport Riboud met en avant trois formes de *mutualisation* : l'accès partagé aux informations technico-économiques ; le partage des expériences dans le domaine social ; la création d'interfaces collectives avec le monde éducatif.

Le soutien à l'innovation dans les PME est un domaine qui a vu fleurir les structures et les actions. Mais n'a-t-on pas privilégié trop fortement l'innovation technique (de procédés) sur l'innovation organisationnelle ou commerciale ? D'après l'étude *PMI 93*, le pourcentage de commerciaux dans les PMI allemandes est supérieur de 50 % au pourcentage français, à taille égale. En caricaturant, on a quelquefois l'impression que de nombreux organismes proposent aux entreprises des formes de modernisation qui ne sont pas centrales pour elles (voire qui sont dangereuses...), alors qu'elles trouvent difficilement des aides dans les domaines cruciaux de la gestion ou de l'organisation. Cela ne veut pas dire que l'innovation technique soit secondaire. Mais l'idée de l'appuyer davantage sur des structures de proximité, comme les instituts universitaires de technologie et les lycées techniques (proposition faite par la mission Frade), est excellente. Et les centres multiservices répondent sans doute à un besoin, comme le montre le succès de la Maison des professions à Marcq-en-Barœul.

L'autre serpent de mer est celui du financement des PME. Là, on touche vraiment au *socle fondamental*. Les facettes du problème sont multiples. La faiblesse des fonds propres, la difficulté de trouver des garanties immobilières réelles, là où n'existe pas de véritable marché immobilier, la réticence de nombreux chefs d'entreprises à ouvrir leur capital constituent des blocages importants. Inversement, on a souvent souligné, à juste titre, la faible capacité du système bancaire français à répondre aux besoins des entrepreneurs, à l'inverse de ce qui se passe en Allemagne. Question de structure, de culture et d'organisation. Les personnes compétentes pour réaliser un véritable diagnostic industriel dans les réseaux bancaires en région se comptent trop souvent sur les doigts de la main.

Le troisième grand chantier, à mes yeux, est celui du *développement solidaire des groupes et des PME*, et de la recherche de *nouvelles articulations entre ces grandes entreprises et les territoires*. Il faut absolument refuser la séparation entre "développement local" et PME d'un côté, déploiement des groupes et économie internationalisée de l'autre. Les PME, comme les groupes, sont plongées dans le monde globalisé. Réciproquement, les groupes sont des partenaires cruciaux du développement local. Ceci est d'autant plus vrai en France que l'interpénétration entre ces deux mondes est forte. De nombreux groupes se présentent comme des fédérations d'entreprises — ce qui est à la fois vrai et faux, car les unités locales ont souvent peu d'autonomie réelle. Près de la moitié du chiffre d'affaires des PMI françaises est le fait de filiales directes de groupes. 69 % du *Mittelstand* allemand (les entreprises de 100 à 2000 personnes) sont constitués d'entreprises indépendantes, contre 49 % en France. Les processus d'externalisation et de mise en réseau évoqués plus haut ne font que renforcer cette symbiose croissante entre PME et groupes.

Les grandes entreprises ont tissé beaucoup de liens avec les tissus économiques régionaux à travers leurs sociétés de reconversion (GERIS-Thomson, CREAN-BSN, Saint-Gobain-Développement, etc.). Mais, comme le dit A. Riboud, “les grandes entreprises ne doivent pas s'intéresser à leur environnement de PME seulement quand elles se proposent de fermer un site”. En fait, on constate aujourd'hui des évolutions positives, comme en témoigne par exemple le développement du programme ITEL (implication territoriale dans l'économie locale) pour BSN. Mais ces nouvelles stratégies se cherchent encore, et il reste énormément à faire pour amener les grandes firmes à devenir de véritables acteurs du développement local. La tâche ne sera pas facile. Les PME sont méfiantes. Le risque paternaliste existe. La crise conduit au repli sur soi. Mais c'est l'intérêt à long terme des grandes entreprises françaises de dépasser la logique prédatrice du taylorisme pour renouer des liens véritables avec les sociétés locales, leur richesse d'initiative et de compétences.

10. — Pour conclure

1) En opposant le capitalisme rhénan, régulé et organisé, au capitalisme néo-américain, ultralibéral, Michel Albert a souligné l'enjeu central que constitue le rapport au

temps : le souci du moyen-long terme dans un cas, l'exacerbation du court terme dans l'autre [1]. C'est exactement la différence entre un développement spatial maîtrisé et une métropolisation sauvage. Dans un cas, les entreprises et les territoires sont de véritables acteurs en coopération, engagés l'un envers l'autre ; dans l'autre cas, la firme ne recherche que les opportunités maximales et l'engagement minimal. Le territoire est un marché anonyme de ressources.

2) Réduire les incertitudes, accélérer les apprentissages. Face à ces deux enjeux fondamentaux, il y a deux réponses : les marchés, la coopération. La taille et la diversité des marchés du travail, des compétences, des services, de l'immobilier, sont les atouts maîtres qui expliquent la poussée vers les très grandes villes, accélérée par la fluidité de l'espace, la chute du coût des transports. A cela, les régions et les villes moyennes n'ont à opposer qu'une véritable force : c'est leur potentiel de coopération, de *mutualisation* des risques, des savoirs, des projets. Ce qui n'est pas mince dans un monde où les composantes mêmes de la compétitivité (innovation, qualité) reposent de plus en plus sur les "effets de milieu", sur la densité et la qualité des relations entre acteurs.

3) La proximité territoriale n'est qu'un des supports possibles de ces coopérations et de ces mutualisations : les supports professionnels et sociaux extraterritoriaux jouent un rôle essentiel. L'organisation territoriale devient un obstacle lorsqu'elle s'enferme dans le territoire. Le localisme est l'ennemi principal du développement local.

4) Le handicap principal de l'économie française ne provient pas de ses coûts. Il est social : trop d'élitisme, trop de distances entre catégories, trop d'isolement des entreprises, pas assez de cohésion, de solidarité. Si elle oublie ces enjeux, la relance de l'aménagement du territoire ne sera qu'une illusion technocratique.

Ouvrages cités

[1] ALBERT (M.), *Capitalisme contre capitalisme*, le Seuil, 1991.

[2] BENKO (G.), LIPIETZ (A.) (sous la direction de), *les Régions qui gagnent*, PUF, 1992.

[3] BUTERA (F.), *les Métamorphoses de l'organisation*, Editions d'organisation, 1991.

[4] CENTRE D'ÉTUDES DES REVENUS ET DES COÛTS, *Salaires et coûts de la main-d'œuvre dans les principaux pays industriels*, la Documentation française, 1992.

[5] COMMISSARIAT GÉNÉRAL DU PLAN, *France : le choix de la performance globale*, rapport Gandois, la Documentation française, 1992.

[6] COMMISSARIAT GÉNÉRAL DU PLAN, *Investir en France*, rapport du groupe "Localisation des investissements transnationaux", la Documentation française, 1992.

[7] CORIAT (B.), TADDÉI (D.), *Made in France*, Hachette, 1993

[8] DELAUNAY (J.-C.), GADREY (J.), *la Société de services*, Presses de la Fondation nationale des sciences politiques, 1987.

[9] DELMAS (P.), *le Maître des horloges*, éditions Odile Jacob, 1991.

[10] GADREY (J.), *l'Économie des services*, la Découverte, 1992.

[11] HERVIEU (B.), *les Champs du futur*, éditions François Bourin, 1993.

[12] KAYSER (B.), *Naissance de nouvelles campagnes*, éditions de l'Aube, 1993.

[13] LE BRAS (H.), *la Planète au village. Migrations et peuplement en France*, éditions de l'Aube, 1993.

[14] MIDLER (C.), *l'Auto qui n'existe pas*, Inter-Edition, 1994.

[15] MINISTÈRE DE L'INDUSTRIE, *PMI 93. les Comportements stratégiques des entreprises industrielles de taille moyenne en France et en Allemagne*, 1993.

[16] PIORE (M.), SABEL (C.), *les Chemins de la prospérité. De la production de masse à la spécialisation souple*, Hachette, 1989.

[17] REICH (R.B.), *The Work of Nations*, Knopf, New York, 1991. Traduction française : *l'Economie mondialisée*, Dunod, Paris, 1993.

[18] RIBOUD (A.), *Modernisation mode d'emploi*, UGE, 1987.

[19] SASSEN (S.), *the Global City*, Princeton University Press, Princeton, 1991.

Table des matières

Achevé d'imprimer en mai 1994
sur les presses de l'imprimerie Bussière
à Saint-Amand-Montrond (Cher),
pour le compte des éditions de l'Aube,
Le Château, F-84240 La Tour d'Aigues

Numéro d'édition : 164
Numéro d'impression : 1303
Dépôt légal : mai 1994

Imprimé en France